Merci !

Bonjour !

Merci d'avoir acheté le planificateur de YOUR ONLINE FRENCH TEACHER. Moi, c'est Elodie VINCENT, Ingénieure pédagogique spécialisée en didactique des langues, professeure de français langue étrangère et seconde (FLE / FLS). Voyons ensemble comment utiliser ce planificateur.

Pour qui est ce livre ?

Ce livre est destiné aux professeures de Français Langue Étrangère qui souhaitent organiser leurs thèmes de FLE sous forme de sessions structurées. Cet outil vous sera utile pour maitriser de A à Z le contenu de vos classes et atteindre facilement vos objectifs grammaticaux, lexicaux, socioculturels, communicatifs et réaliser des tâches finales.

Comment utiliser ce livre ?

Vous trouverez dans les prochaines pages des instructions pour compléter chaque page. S'il vous reste des doutes, contactez-moi : info@youronlinefrenchteacher !

Bonne planification, bon travail et amusez-vous en français !

Elodie VINCENT – YOUR ONLINE FRENCH TEACHER

ISBN : 978-2-9584528-0-3 - EAN : 9782958452803 - @Elodie VINCENT - Your online French teacher 2022

Tous droits de traduction, de reproduction et d'adaptations réservés pour tous pays.

Le code de la propriété intellectuelle n'autorisant, aux termes des articles L.122-4 et L122-5, d'une part, que "les copies ou reproductions strictement réservées à l'usage privé du copiste et non destinées à une utilisation collective" et, d'autre part, que les "analyses et les courtes citations" dans un but d'exemple et d'illustration, "toute représentation ou reproduction intégrale ou partielle, faite sans le consentement de l'auteur ou des ayants droit ou ayants cause, est illicite". Cette représentation ou reproduction, par quelque procédé que ce soit, sans autorisation de l'auteur, constituerait donc une contrefaçon sanctionnée par les articles 425 et suivants du Code Pénal.

Instructions

Comment remplir le planificateur de classe ?

Fiche professeure
THÈME 1

Sujet, niveau et chronologie du thème

Liste des livres, vidéos, audios, exercices à utiliser pour ce thème. Pensez à indiquer les pages des livres.

SUJET : NIVEAU :

NOMBRE DE SESSIONS : NOMBRE D'HEURES TOTAL :

Ajoutez les supports (livres, vidéos, audios, etc.) à consulter ci-dessous :

SUPPORTS PRÉVUS

Listez les objectifs à atteindre avec ces supports.

Selon les supports, définissez les objectifs à atteindre en lien avec le niveau et le thème.

1.
2.
3.
4.
5.
6.
7.
8.
9.
10.

Instructions

Comment remplir le planificateur de classe ?

Objectifs
THÈME 1

Sujet, niveau et chronologie du thème. Identique à fiche professeure.

SUJET :	NIVEAU :
NOMBRE DE SESSIONS :	NOMBRE D'HEURES TOTAL :

OBJECTIFS GRAMMATICAUX

Ecrire ici les notions de grammaire à travailler grâce aux documents supports.

OBJECTIFS LEXICAUX

Ecrire ici les notions de lexique à travailler grâce aux documents supports.

OBJECTIFS SOCIOCULTURELS

Ecrire ici les faits culturels à aborder grâce aux documents supports.

OBJECTIFS COMMUNICATIFS ET SAVOIR-FAIRE

Ecrire ici les situations de communication et les compétences à travailler grâce aux documents supports.

TÂCHE FINALE

Ecrire ici l'activité de mise en situation dans le réel que les étudiants doivent être capable de faire à la fin du thème.

Instructions

Comment remplir le planificateur de classe ?

Sujet, niveau et chronologie du thème. Identique à fiche professeure. Il faut ajouter le numéro de session sur le nombre total de session. Il faut inscrire la durée de cette session.

Planification de session

THÈME __ / SUJET :	NIVEAU :
NOMBRE DE SESSIONS TOTAL :	NOMBRE D'HEURES TOTAL :
SESSION : __ / __	DURÉE DE LA SESSION :

Ecrire dans chaque rectangle bleu les objectifs de la session extraits des objectifs du thème.

- **OBJECTIFS GRAMMATICAUX**
- **OBJECTIFS LEXICAUX**
- **OBJECTIFS SOCIOCULTURELS**
- **OBJECTIFS COMMUNICATIFS ET SAVOIR-FAIRE**

Ecrire ici les préparations à faire avant la classe : photocopies, matériel, etc.

A faire avant la session :
_____
_____
_____

Devoirs à donner :
_____
_____
_____

Ecrire ici les devoirs à donner en fin de session.

Instructions

Comment remplir le planificateur de classe ?

Tableau de session

Sujet, niveau et chronologie du thème. Identique à la première page de planification de session

THÈME __ / SUJET :	NIVEAU :
NOMBRE DE SESSIONS TOTAL :	NOMBRE D'HEURES TOTAL :
SESSION : __ / __	DURÉE DE LA SESSION :

ETAPES	MATÉRIEL	T	FST	DESCRITPION
Noter ici le déroulement chronologique de votre session sous formes d'activités 1, 2, 3, 4 de votre classe.	Ecrire ici le document support ou le fiches de travail à utiliser selon chaque activité.	Temps impartis pour chaque activité.	Forme sociale du travail : individuel, groupe, binôme, assis, debout.	Ecrire ici la description de l'activité.

Fiche professeure
THÈME 1

SUJET :	NIVEAU :
NOMBRE DE SESSIONS :	NOMBRE D'HEURES TOTAL :

Ajoutez les supports (livres, vidéos, audios, etc.) à consulter ci-dessous:

SUPPORTS PRÉVUS

Listez les objectifs à atteindre avec ces supports.

1.
2.
3.
4.
5.
6.
7.
8.
9.
10.

Objectifs

THÈME 1

SUJET :	NIVEAU :
NOMBRE DE SESSIONS :	NOMBRE D'HEURES TOTAL :

OBJECTIFS GRAMMATICAUX

OBJECTIFS LEXICAUX

OBJECTIFS SOCIOCULTURELS

OBJECTIFS COMMUNICATIFS ET SAVOIR-FAIRE

TÂCHE FINALE

Fiche professeure

THÈME 2

SUJET :	NIVEAU :
NOMBRE DE SESSIONS :	NOMBRE D'HEURES TOTAL :

Ajoutez les supports (livres, vidéos, audios, etc.) à consulter ci-dessous:

SUPPORTS PRÉVUS

Listez les objectifs à atteindre avec ces supports.

1.
2.
3.
4.
5.
6.
7.
8.
9.
10.

Objectifs
THÈME 2

SUJET :	NIVEAU :
NOMBRE DE SESSIONS :	NOMBRE D'HEURES TOTAL :

OBJECTIFS GRAMMATICAUX

OBJECTIFS LEXICAUX

OBJECTIFS SOCIOCULTURELS

OBJECTIFS COMMUNICATIFS ET SAVOIR-FAIRE

TÂCHE FINALE

Fiche professeure

THÈME 3

SUJET :	NIVEAU :
NOMBRE DE SESSIONS :	NOMBRE D'HEURES TOTAL :

Ajoutez les supports (livres, vidéos, audios, etc.) à consulter ci-dessous:

SUPPORTS PRÉVUS

Listez les objectifs à atteindre avec ces supports.

1.
2.
3.
4.
5.
6.
7.
8.
9.
10.

Objectifs

THÈME 3

SUJET :	NIVEAU :
NOMBRE DE SESSIONS :	NOMBRE D'HEURES TOTAL :

OBJECTIFS GRAMMATICAUX

OBJECTIFS LEXICAUX

OBJECTIFS SOCIOCULTURELS

OBJECTIFS COMMUNICATIFS ET SAVOIR-FAIRE

TÂCHE FINALE

Fiche professeure
THÈME 4

SUJET :	NIVEAU :
NOMBRE DE SESSIONS :	NOMBRE D'HEURES TOTAL :

Ajoutez les supports (livres, vidéos, audios, etc.) à consulter ci-dessous:

SUPPORTS PRÉVUS

Listez les objectifs à atteindre avec ces supports.

1.
2.
3.
4.
5.
6.
7.
8.
9.
10.

Objectifs

THÈME 4

SUJET :	NIVEAU :
NOMBRE DE SESSIONS :	NOMBRE D'HEURES TOTAL :

OBJECTIFS GRAMMATICAUX

OBJECTIFS LEXICAUX

OBJECTIFS SOCIOCULTURELS

OBJECTIFS COMMUNICATIFS ET SAVOIR-FAIRE

TÂCHE FINALE

Fiche professeure
THÈME 5

SUJET :	NIVEAU :
NOMBRE DE SESSIONS :	NOMBRE D'HEURES TOTAL :

Ajoutez les supports (livres, vidéos, audios, etc.) à consulter ci-dessous:

SUPPORTS PRÉVUS

Listez les objectifs à atteindre avec ces supports.

1.
2.
3.
4.
5.
6.
7.
8.
9.
10.

Objectifs

THÈME 5

SUJET :	NIVEAU :
NOMBRE DE SESSIONS :	NOMBRE D'HEURES TOTAL :

OBJECTIFS GRAMMATICAUX

OBJECTIFS LEXICAUX

OBJECTIFS SOCIOCULTURELS

OBJECTIFS COMMUNICATIFS ET SAVOIR-FAIRE

TÂCHE FINALE

Fiche professeure
THÈME 6

SUJET :	NIVEAU :
NOMBRE DE SESSIONS :	**NOMBRE D'HEURES TOTAL :**

Ajoutez les supports (livres, vidéos, audios, etc.) à consulter ci-dessous:

SUPPORTS PRÉVUS

Listez les objectifs à atteindre avec ces supports.

1.
2.
3.
4.
5.
6.
7.
8.
9.
10.

Objectifs
THÈME 6

SUJET :	NIVEAU :
NOMBRE DE SESSIONS :	NOMBRE D'HEURES TOTAL :

OBJECTIFS GRAMMATICAUX

OBJECTIFS LEXICAUX

OBJECTIFS SOCIOCULTURELS

OBJECTIFS COMMUNICATIFS ET SAVOIR-FAIRE

TÂCHE FINALE

Fiche professeure

THÈME 7

SUJET :	NIVEAU :
NOMBRE DE SESSIONS :	**NOMBRE D'HEURES TOTAL :**

Ajoutez les supports (livres, vidéos, audios, etc.) à consulter ci-dessous:

Listez les objectifs à atteindre avec ces supports.

SUPPORTS PRÉVUS

1.
2.
3.
4.
5.
6.
7.
8.
9.
10.

Objectifs
THÈME 7

SUJET :	NIVEAU :
NOMBRE DE SESSIONS :	NOMBRE D'HEURES TOTAL :

OBJECTIFS GRAMMATICAUX

OBJECTIFS LEXICAUX

OBJECTIFS SOCIOCULTURELS

OBJECTIFS COMMUNICATIFS ET SAVOIR-FAIRE

TÂCHE FINALE

Fiche professeure

THÈME 8

SUJET :	NIVEAU :
NOMBRE DE SESSIONS :	NOMBRE D'HEURES TOTAL :

Ajoutez les supports (livres, vidéos, audios, etc.) à consulter ci-dessous:

SUPPORTS PRÉVUS

Listez les objectifs à atteindre avec ces supports.

1.
2.
3.
4.
5.
6.
7.
8.
9.
10.

Objectifs

THÈME 8

SUJET :	NIVEAU :
NOMBRE DE SESSIONS :	NOMBRE D'HEURES TOTAL :

OBJECTIFS GRAMMATICAUX

OBJECTIFS LEXICAUX

OBJECTIFS SOCIOCULTURELS

OBJECTIFS COMMUNICATIFS ET SAVOIR-FAIRE

TÂCHE FINALE

Fiche professeure
THÈME 9

SUJET :	NIVEAU :
NOMBRE DE SESSIONS :	**NOMBRE D'HEURES TOTAL :**

Ajoutez les supports (livres, vidéos, audios, etc.) à consulter ci-dessous:

Listez les objectifs à atteindre avec ces supports.

SUPPORTS PRÉVUS

1.
2.
3.
4.
5.
6.
7.
8.
9.
10.

Objectifs

THÈME 9

SUJET :	NIVEAU :
NOMBRE DE SESSIONS :	NOMBRE D'HEURES TOTAL :

OBJECTIFS GRAMMATICAUX

OBJECTIFS LEXICAUX

OBJECTIFS SOCIOCULTURELS

OBJECTIFS COMMUNICATIFS ET SAVOIR-FAIRE

TÂCHE FINALE

Fiche professeure
THÈME 10

SUJET :	NIVEAU :
NOMBRE DE SESSIONS :	**NOMBRE D'HEURES TOTAL :**

Ajoutez les supports (livres, vidéos, audios, etc.) à consulter ci-dessous:

SUPPORTS PRÉVUS

Listez les objectifs à atteindre avec ces supports.

1.
2.
3.
4.
5.
6.
7.
8.
9.
10.

Objectifs

THÈME 10

SUJET :	NIVEAU :
NOMBRE DE SESSIONS :	NOMBRE D'HEURES TOTAL :

OBJECTIFS GRAMMATICAUX

OBJECTIFS LEXICAUX

OBJECTIFS SOCIOCULTURELS

OBJECTIFS COMMUNICATIFS ET SAVOIR-FAIRE

TÂCHE FINALE

Planification de session

THÈME __ / SUJET :	NIVEAU :
NOMBRE DE SESSIONS TOTAL :	NOMBRE D'HEURES TOTAL :
SESSION : __ / __	DURÉE DE LA SESSION :

OBJECTIFS GRAMMATICAUX	OBJECTIFS LEXICAUX

OBJECTIFS SOCIOCULTURELS	OBJECTIFS COMMUNICATIFS ET SAVOIR-FAIRE

A faire avant la session :
_____
_____
_____

Devoirs à donner :
_____
_____
_____

Tableau de session

THÈME __ / SUJET :	NIVEAU :
NOMBRE DE SESSIONS TOTAL :	NOMBRE D'HEURES TOTAL :
SESSION : __ / __	DURÉE DE LA SESSION :

ETAPES	MATÉRIEL	T	FST	DESCRITPION

ETAPES	MATÉRIEL	T	FST	DESCRITPION

Notes :
_____
_____

Planification de session

THÈME __ / SUJET :	NIVEAU :
NOMBRE DE SESSIONS TOTAL :	NOMBRE D'HEURES TOTAL :
SESSION : __ / __	DURÉE DE LA SESSION :

OBJECTIFS GRAMMATICAUX

OBJECTIFS LEXICAUX

OBJECTIFS SOCIOCULTURELS

OBJECTIFS COMMUNICATIFS ET SAVOIR-FAIRE

A faire avant la session :

_____
_____
_____

Devoirs à donner :

_____
_____
_____
_____

Tableau de session

THÈME __ / SUJET :	NIVEAU :
NOMBRE DE SESSIONS TOTAL :	NOMBRE D'HEURES TOTAL :
SESSION : __ / __	DURÉE DE LA SESSION :

ETAPES	MATÉRIEL	T	FST	DESCRITPION

ETAPES	MATÉRIEL	T	FST	DESCRITPION

Notes :

_____

_____

Planification de session

THÈME __ / SUJET :	**NIVEAU :**
NOMBRE DE SESSIONS TOTAL :	**NOMBRE D'HEURES TOTAL :**
SESSION : __ / __	**DURÉE DE LA SESSION :**

OBJECTIFS GRAMMATICAUX	**OBJECTIFS LEXICAUX**
OBJECTIFS SOCIOCULTURELS	**OBJECTIFS COMMUNICATIFS ET SAVOIR-FAIRE**

A faire avant la session :

_____
_____
_____

Devoirs à donner :

_____
_____
_____

Tableau de session

THÈME __ / SUJET :	NIVEAU :
NOMBRE DE SESSIONS TOTAL :	NOMBRE D'HEURES TOTAL :
SESSION : __ / __	DURÉE DE LA SESSION :

ETAPES	MATÉRIEL	T	FST	DESCRITPION

ETAPES	MATÉRIEL	T	FST	DESCRITPION

Notes :

Planification de session

THÈME __ / SUJET :	NIVEAU :
NOMBRE DE SESSIONS TOTAL :	NOMBRE D'HEURES TOTAL :
SESSION : __ / __	DURÉE DE LA SESSION :

OBJECTIFS GRAMMATICAUX

OBJECTIFS LEXICAUX

OBJECTIFS SOCIOCULTURELS

OBJECTIFS COMMUNICATIFS ET SAVOIR-FAIRE

A faire avant la session :
_____
_____
_____

Devoirs à donner :
_____
_____
_____

Tableau de session

THÈME __ / SUJET :	NIVEAU :
NOMBRE DE SESSIONS TOTAL :	NOMBRE D'HEURES TOTAL :
SESSION : __ / __	DURÉE DE LA SESSION :

ETAPES	MATÉRIEL	T	FST	DESCRITPION

ETAPES	MATÉRIEL	T	FST	DESCRITPION

Notes :

Planification de session

THÈME __ / SUJET :	NIVEAU :
NOMBRE DE SESSIONS TOTAL :	NOMBRE D'HEURES TOTAL :
SESSION : __ / __	DURÉE DE LA SESSION :

OBJECTIFS GRAMMATICAUX

OBJECTIFS LEXICAUX

OBJECTIFS SOCIOCULTURELS

OBJECTIFS COMMUNICATIFS ET SAVOIR-FAIRE

A faire avant la session :
_____
_____
_____

Devoirs à donner :
_____
_____
_____
_____

Tableau de session

THÈME __ / SUJET :	NIVEAU :
NOMBRE DE SESSIONS TOTAL :	NOMBRE D'HEURES TOTAL :
SESSION : __ / __	DURÉE DE LA SESSION :

ETAPES	MATÉRIEL	T	FST	DESCRITPION

ETAPES	MATÉRIEL	T	FST	DESCRITPION

Notes :

Planification de session

THÈME __ / SUJET :	NIVEAU :
NOMBRE DE SESSIONS TOTAL :	NOMBRE D'HEURES TOTAL :
SESSION : __ / __	DURÉE DE LA SESSION :

OBJECTIFS GRAMMATICAUX

OBJECTIFS LEXICAUX

OBJECTIFS SOCIOCULTURELS

OBJECTIFS COMMUNICATIFS ET SAVOIR-FAIRE

A faire avant la session :
_____
_____
_____

Devoirs à donner :
_____
_____
_____

Tableau de session

THÈME __ / SUJET :	NIVEAU :
NOMBRE DE SESSIONS TOTAL :	NOMBRE D'HEURES TOTAL :
SESSION : __ / __	DURÉE DE LA SESSION :

ETAPES	MATÉRIEL	T	FST	DESCRITPION

ETAPES	MATÉRIEL	T	FST	DESCRITPION

Notes :
_____
_____

Planification de session

THÈME __ / SUJET :	NIVEAU :
NOMBRE DE SESSIONS TOTAL :	NOMBRE D'HEURES TOTAL :
SESSION : __ / __	DURÉE DE LA SESSION :

OBJECTIFS GRAMMATICAUX	OBJECTIFS LEXICAUX

OBJECTIFS SOCIOCULTURELS	OBJECTIFS COMMUNICATIFS ET SAVOIR-FAIRE

A faire avant la session :
_____
_____
_____

Devoirs à donner :
_____
_____
_____

Tableau de session

THÈME __ / SUJET :	NIVEAU :
NOMBRE DE SESSIONS TOTAL :	NOMBRE D'HEURES TOTAL :
SESSION : __ / __	DURÉE DE LA SESSION :

ETAPES	MATÉRIEL	T	FST	DESCRITPION

ETAPES	MATÉRIEL	T	FST	DESCRITPION

Notes :
_____
_____

Planification de session

THÈME __ / SUJET :	NIVEAU :
NOMBRE DE SESSIONS TOTAL :	NOMBRE D'HEURES TOTAL :
SESSION : __ / __	DURÉE DE LA SESSION :

OBJECTIFS GRAMMATICAUX

OBJECTIFS LEXICAUX

OBJECTIFS SOCIOCULTURELS

OBJECTIFS COMMUNICATIFS ET SAVOIR-FAIRE

A faire avant la session :
_____
_____
_____

Devoirs à donner :
_____
_____
_____

Tableau de session

THÈME __ / SUJET :	NIVEAU :
NOMBRE DE SESSIONS TOTAL :	NOMBRE D'HEURES TOTAL :
SESSION : __ / __	DURÉE DE LA SESSION :

ETAPES	MATÉRIEL	T	FST	DESCRITPION

ETAPES	MATÉRIEL	T	FST	DESCRITPION

Notes :

Planification de session

THÈME __ / SUJET :	NIVEAU :
NOMBRE DE SESSIONS TOTAL :	NOMBRE D'HEURES TOTAL :
SESSION : __ / __	DURÉE DE LA SESSION :

OBJECTIFS GRAMMATICAUX

OBJECTIFS LEXICAUX

OBJECTIFS SOCIOCULTURELS

OBJECTIFS COMMUNICATIFS ET SAVOIR-FAIRE

A faire avant la session :
_____
_____
_____

Devoirs à donner :
_____
_____
_____

Tableau de session

THÈME __ / SUJET :	NIVEAU :
NOMBRE DE SESSIONS TOTAL :	NOMBRE D'HEURES TOTAL :
SESSION : __ / __	DURÉE DE LA SESSION :

ETAPES	MATÉRIEL	T	FST	DESCRITPION

ETAPES	MATÉRIEL	T	FST	DESCRITPION

Notes :

Planification de session

THÈME __ / SUJET :	NIVEAU :
NOMBRE DE SESSIONS TOTAL :	NOMBRE D'HEURES TOTAL :
SESSION : __ / __	DURÉE DE LA SESSION :

OBJECTIFS GRAMMATICAUX

OBJECTIFS LEXICAUX

OBJECTIFS SOCIOCULTURELS

OBJECTIFS COMMUNICATIFS ET SAVOIR-FAIRE

A faire avant la session :
___
___
___

Devoirs à donner :
___
___
___

Tableau de session

THÈME __ / SUJET :	NIVEAU :
NOMBRE DE SESSIONS TOTAL :	NOMBRE D'HEURES TOTAL :
SESSION : __ / __	DURÉE DE LA SESSION :

ETAPES	MATÉRIEL	T	FST	DESCRITPION

ETAPES	MATÉRIEL	T	FST	DESCRITPION

Notes :

Planification de session

THÈME __ / SUJET :	**NIVEAU :**
NOMBRE DE SESSIONS TOTAL :	**NOMBRE D'HEURES TOTAL :**
SESSION : __ / __	**DURÉE DE LA SESSION :**

OBJECTIFS GRAMMATICAUX

OBJECTIFS LEXICAUX

OBJECTIFS SOCIOCULTURELS

OBJECTIFS COMMUNICATIFS ET SAVOIR-FAIRE

A faire avant la session :
_____
_____
_____

Devoirs à donner :
_____
_____
_____

Tableau de session

THÈME __ / SUJET :	NIVEAU :
NOMBRE DE SESSIONS TOTAL :	NOMBRE D'HEURES TOTAL :
SESSION : __ / __	DURÉE DE LA SESSION :

ETAPES	MATÉRIEL	T	FST	DESCRITPION

ETAPES	MATÉRIEL	T	FST	DESCRITPION

Notes :

_____

_____

Planification de session

THÈME __ / SUJET :	NIVEAU :
NOMBRE DE SESSIONS TOTAL :	NOMBRE D'HEURES TOTAL :
SESSION : __ / __	DURÉE DE LA SESSION :

OBJECTIFS GRAMMATICAUX

OBJECTIFS LEXICAUX

OBJECTIFS SOCIOCULTURELS

OBJECTIFS COMMUNICATIFS ET SAVOIR-FAIRE

A faire avant la session :
_____
_____
_____

Devoirs à donner :
_____
_____
_____

Tableau de session

THÈME __ / SUJET :	NIVEAU :
NOMBRE DE SESSIONS TOTAL :	NOMBRE D'HEURES TOTAL :
SESSION : __ / __	DURÉE DE LA SESSION :

ETAPES	MATÉRIEL	T	FST	DESCRITPION

ETAPES	MATÉRIEL	T	FST	DESCRITPION

Notes :
_____
_____

Planification de session

THÈME __ / SUJET :	NIVEAU :
NOMBRE DE SESSIONS TOTAL :	NOMBRE D'HEURES TOTAL :
SESSION : __ / __	DURÉE DE LA SESSION :

OBJECTIFS GRAMMATICAUX

OBJECTIFS LEXICAUX

OBJECTIFS SOCIOCULTURELS

OBJECTIFS COMMUNICATIFS ET SAVOIR-FAIRE

A faire avant la session :
_____
_____
_____

Devoirs à donner :
_____
_____
_____
_____

Tableau de session

THÈME __ / SUJET :	NIVEAU :
NOMBRE DE SESSIONS TOTAL :	NOMBRE D'HEURES TOTAL :
SESSION : __ / __	DURÉE DE LA SESSION :

ETAPES	MATÉRIEL	T	FST	DESCRITPION

ETAPES	MATÉRIEL	T	FST	DESCRITPION

Notes :
_____
_____

Planification de session

THÈME __ / SUJET :	NIVEAU :
NOMBRE DE SESSIONS TOTAL :	NOMBRE D'HEURES TOTAL :
SESSION : __ / __	DURÉE DE LA SESSION :

OBJECTIFS GRAMMATICAUX

OBJECTIFS LEXICAUX

OBJECTIFS SOCIOCULTURELS

OBJECTIFS COMMUNICATIFS ET SAVOIR-FAIRE

A faire avant la session :

_____
_____
_____

Devoirs à donner :

_____
_____
_____

Tableau de session

THÈME __ / SUJET :	NIVEAU :
NOMBRE DE SESSIONS TOTAL :	**NOMBRE D'HEURES TOTAL :**
SESSION : __ / __	**DURÉE DE LA SESSION :**

ETAPES	MATÉRIEL	T	FST	DESCRITPION

ETAPES	MATÉRIEL	T	FST	DESCRITPION

Notes :

Planification de session

THÈME __ / SUJET :	NIVEAU :
NOMBRE DE SESSIONS TOTAL :	NOMBRE D'HEURES TOTAL :
SESSION : __ / __	DURÉE DE LA SESSION :

OBJECTIFS GRAMMATICAUX

OBJECTIFS LEXICAUX

OBJECTIFS SOCIOCULTURELS

OBJECTIFS COMMUNICATIFS ET SAVOIR-FAIRE

A faire avant la session :

_____
_____
_____

Devoirs à donner :

_____
_____
_____

Tableau de session

THÈME __ / SUJET :	NIVEAU :
NOMBRE DE SESSIONS TOTAL :	NOMBRE D'HEURES TOTAL :
SESSION : __ / __	DURÉE DE LA SESSION :

ETAPES	MATÉRIEL	T	FST	DESCRITPION

ETAPES	MATÉRIEL	T	FST	DESCRITPION

Notes :
_____
_____

Planification de session

THÈME __ / SUJET :	NIVEAU :
NOMBRE DE SESSIONS TOTAL :	NOMBRE D'HEURES TOTAL :
SESSION : __ / __	DURÉE DE LA SESSION :

OBJECTIFS GRAMMATICAUX

OBJECTIFS LEXICAUX

OBJECTIFS SOCIOCULTURELS

OBJECTIFS COMMUNICATIFS ET SAVOIR-FAIRE

A faire avant la session :
_____
_____
_____

Devoirs à donner :
_____
_____
_____

Tableau de session

THÈME __ / SUJET :	NIVEAU :
NOMBRE DE SESSIONS TOTAL :	NOMBRE D'HEURES TOTAL :
SESSION : __ / __	DURÉE DE LA SESSION :

ETAPES	MATÉRIEL	T	FST	DESCRITPION

ETAPES	MATÉRIEL	T	FST	DESCRITPION

Notes :
_____
_____

Planification de session

THÈME __ / SUJET :	NIVEAU :
NOMBRE DE SESSIONS TOTAL :	NOMBRE D'HEURES TOTAL :
SESSION : __ / __	DURÉE DE LA SESSION :

OBJECTIFS GRAMMATICAUX

OBJECTIFS LEXICAUX

OBJECTIFS SOCIOCULTURELS

OBJECTIFS COMMUNICATIFS ET SAVOIR-FAIRE

A faire avant la session :
___
___
___

Devoirs à donner :
___
___
___

Tableau de session

THÈME __ / SUJET :	NIVEAU :
NOMBRE DE SESSIONS TOTAL :	NOMBRE D'HEURES TOTAL :
SESSION : __ / __	DURÉE DE LA SESSION :

ETAPES	MATÉRIEL	T	FST	DESCRITPION

ETAPES	MATÉRIEL	T	FST	DESCRITPION

Notes :
_____
_____

Planification de session

THÈME __ / SUJET :	NIVEAU :
NOMBRE DE SESSIONS TOTAL :	NOMBRE D'HEURES TOTAL :
SESSION : __ / __	DURÉE DE LA SESSION :

OBJECTIFS GRAMMATICAUX

OBJECTIFS LEXICAUX

OBJECTIFS SOCIOCULTURELS

OBJECTIFS COMMUNICATIFS ET SAVOIR-FAIRE

A faire avant la session :

_____
_____
_____

Devoirs à donner :

_____
_____
_____

Tableau de session

THÈME __ / SUJET :	NIVEAU :
NOMBRE DE SESSIONS TOTAL :	NOMBRE D'HEURES TOTAL :
SESSION : __ / __	DURÉE DE LA SESSION :

ETAPES	MATÉRIEL	T	FST	DESCRITPION

ETAPES	MATÉRIEL	T	FST	DESCRITPION

Notes :

Planification de session

THÈME __ / SUJET :	NIVEAU :
NOMBRE DE SESSIONS TOTAL :	NOMBRE D'HEURES TOTAL :
SESSION : __ / __	DURÉE DE LA SESSION :

OBJECTIFS GRAMMATICAUX

OBJECTIFS LEXICAUX

OBJECTIFS SOCIOCULTURELS

OBJECTIFS COMMUNICATIFS ET SAVOIR-FAIRE

A faire avant la session :

_____
_____
_____

Devoirs à donner :

_____
_____
_____
_____

Tableau de session

THÈME __ / SUJET :	NIVEAU :
NOMBRE DE SESSIONS TOTAL :	NOMBRE D'HEURES TOTAL :
SESSION : __ / __	DURÉE DE LA SESSION :

ETAPES	MATÉRIEL	T	FST	DESCRITPION

ETAPES	MATÉRIEL	T	FST	DESCRITPION

Notes :

Planification de session

THÈME __ / SUJET :	NIVEAU :
NOMBRE DE SESSIONS TOTAL :	NOMBRE D'HEURES TOTAL :
SESSION : __ / __	DURÉE DE LA SESSION :

OBJECTIFS GRAMMATICAUX

OBJECTIFS LEXICAUX

OBJECTIFS SOCIOCULTURELS

OBJECTIFS COMMUNICATIFS ET SAVOIR-FAIRE

A faire avant la session :
_____
_____
_____

Devoirs à donner :
_____
_____
_____

Tableau de session

THÈME __ / SUJET :	NIVEAU :
NOMBRE DE SESSIONS TOTAL :	NOMBRE D'HEURES TOTAL :
SESSION : __ / __	DURÉE DE LA SESSION :

ETAPES	MATÉRIEL	T	FST	DESCRITPION

ETAPES	MATÉRIEL	T	FST	DESCRITPION

Notes :
_____
_____

Planification de session

THÈME __ / SUJET :	NIVEAU :
NOMBRE DE SESSIONS TOTAL :	NOMBRE D'HEURES TOTAL :
SESSION : __ / __	DURÉE DE LA SESSION :

OBJECTIFS GRAMMATICAUX

OBJECTIFS LEXICAUX

OBJECTIFS SOCIOCULTURELS

OBJECTIFS COMMUNICATIFS ET SAVOIR-FAIRE

A faire avant la session :
_____
_____
_____

Devoirs à donner :
_____
_____
_____

Tableau de session

THÈME __ / SUJET :	NIVEAU :
NOMBRE DE SESSIONS TOTAL :	NOMBRE D'HEURES TOTAL :
SESSION : __ / __	DURÉE DE LA SESSION :

ETAPES	MATÉRIEL	T	FST	DESCRITPION

ETAPES	MATÉRIEL	T	FST	DESCRITPION

Notes :

_____

_____

Planification de session

THÈME __ / SUJET :	NIVEAU :
NOMBRE DE SESSIONS TOTAL :	NOMBRE D'HEURES TOTAL :
SESSION : __ / __	DURÉE DE LA SESSION :

OBJECTIFS GRAMMATICAUX

OBJECTIFS LEXICAUX

OBJECTIFS SOCIOCULTURELS

OBJECTIFS COMMUNICATIFS ET SAVOIR-FAIRE

A faire avant la session :
_____
_____
_____

Devoirs à donner :
_____
_____
_____

Tableau de session

THÈME __ / SUJET :	NIVEAU :
NOMBRE DE SESSIONS TOTAL :	NOMBRE D'HEURES TOTAL :
SESSION : __ / __	DURÉE DE LA SESSION :

ETAPES	MATÉRIEL	T	FST	DESCRITPION

ETAPES	MATÉRIEL	T	FST	DESCRITPION

Notes :
_____
_____

Planification de session

THÈME __ / SUJET :	NIVEAU :
NOMBRE DE SESSIONS TOTAL :	NOMBRE D'HEURES TOTAL :
SESSION : __ / __	DURÉE DE LA SESSION :

OBJECTIFS GRAMMATICAUX

OBJECTIFS LEXICAUX

OBJECTIFS SOCIOCULTURELS

OBJECTIFS COMMUNICATIFS ET SAVOIR-FAIRE

A faire avant la session :
_____
_____
_____

Devoirs à donner :
_____
_____
_____

Tableau de session

THÈME __ / SUJET :	NIVEAU :
NOMBRE DE SESSIONS TOTAL :	NOMBRE D'HEURES TOTAL :
SESSION : __ / __	DURÉE DE LA SESSION :

ETAPES	MATÉRIEL	T	FST	DESCRITPION

ETAPES	MATÉRIEL	T	FST	DESCRITPION

Notes :
_____
_____

Planification de session

THÈME __ / SUJET :	NIVEAU :
NOMBRE DE SESSIONS TOTAL :	NOMBRE D'HEURES TOTAL :
SESSION : __ / __	DURÉE DE LA SESSION :

OBJECTIFS GRAMMATICAUX

OBJECTIFS LEXICAUX

OBJECTIFS SOCIOCULTURELS

OBJECTIFS COMMUNICATIFS ET SAVOIR-FAIRE

A faire avant la session :
_____
_____
_____

Devoirs à donner :
_____
_____
_____

Tableau de session

THÈME __ / SUJET :	NIVEAU :
NOMBRE DE SESSIONS TOTAL :	NOMBRE D'HEURES TOTAL :
SESSION : __ / __	DURÉE DE LA SESSION :

ETAPES	MATÉRIEL	T	FST	DESCRITPION

ETAPES	MATÉRIEL	T	FST	DESCRITPION

Notes :

Planification de session

THÈME __ / SUJET :	NIVEAU :
NOMBRE DE SESSIONS TOTAL :	NOMBRE D'HEURES TOTAL :
SESSION : __ / __	DURÉE DE LA SESSION :

OBJECTIFS GRAMMATICAUX

OBJECTIFS LEXICAUX

OBJECTIFS SOCIOCULTURELS

OBJECTIFS COMMUNICATIFS ET SAVOIR-FAIRE

A faire avant la session :
_____
_____
_____

Devoirs à donner :
_____
_____
_____

Tableau de session

THÈME __ / SUJET :	NIVEAU :
NOMBRE DE SESSIONS TOTAL :	NOMBRE D'HEURES TOTAL :
SESSION : __ / __	DURÉE DE LA SESSION :

ETAPES	MATÉRIEL	T	FST	DESCRITPION

ETAPES	MATÉRIEL	T	FST	DESCRITPION

Notes :
_____
_____

Planification de session

THÈME __ / SUJET :	NIVEAU :
NOMBRE DE SESSIONS TOTAL :	NOMBRE D'HEURES TOTAL :
SESSION : __ / __	DURÉE DE LA SESSION :

OBJECTIFS GRAMMATICAUX

OBJECTIFS LEXICAUX

OBJECTIFS SOCIOCULTURELS

OBJECTIFS COMMUNICATIFS ET SAVOIR-FAIRE

A faire avant la session :
_____
_____
_____

Devoirs à donner :
_____
_____
_____

Tableau de session

THÈME __ / SUJET :	NIVEAU :
NOMBRE DE SESSIONS TOTAL :	NOMBRE D'HEURES TOTAL :
SESSION : __ / __	DURÉE DE LA SESSION :

ETAPES	MATÉRIEL	T	FST	DESCRITPION

ETAPES	MATÉRIEL	T	FST	DESCRITPION

Notes :
_____
_____

Planification de session

THÈME __ / SUJET :	NIVEAU :
NOMBRE DE SESSIONS TOTAL :	NOMBRE D'HEURES TOTAL :
SESSION : __ / __	DURÉE DE LA SESSION :

OBJECTIFS GRAMMATICAUX

OBJECTIFS LEXICAUX

OBJECTIFS SOCIOCULTURELS

OBJECTIFS COMMUNICATIFS ET SAVOIR-FAIRE

A faire avant la session :
_____
_____
_____

Devoirs à donner :
_____
_____
_____

Tableau de session

THÈME __ / SUJET :	NIVEAU :
NOMBRE DE SESSIONS TOTAL :	NOMBRE D'HEURES TOTAL :
SESSION : __ / __	DURÉE DE LA SESSION :

ETAPES	MATÉRIEL	T	FST	DESCRITPION

ETAPES	MATÉRIEL	T	FST	DESCRITPION

Notes :

_____

_____

Planification de session

THÈME __ / SUJET :	NIVEAU :
NOMBRE DE SESSIONS TOTAL :	NOMBRE D'HEURES TOTAL :
SESSION : __ / __	DURÉE DE LA SESSION :

OBJECTIFS GRAMMATICAUX

OBJECTIFS LEXICAUX

OBJECTIFS SOCIOCULTURELS

OBJECTIFS COMMUNICATIFS ET SAVOIR-FAIRE

A faire avant la session :

_____

_____

_____

Devoirs à donner :

_____

_____

_____

Tableau de session

THÈME __ / SUJET :	NIVEAU :
NOMBRE DE SESSIONS TOTAL :	NOMBRE D'HEURES TOTAL :
SESSION : __ / __	DURÉE DE LA SESSION :

ETAPES	MATÉRIEL	T	FST	DESCRITPION

ETAPES	MATÉRIEL	T	FST	DESCRITPION

Notes :
_____
_____

Planification de session

THÈME __ / SUJET :	NIVEAU :
NOMBRE DE SESSIONS TOTAL :	NOMBRE D'HEURES TOTAL :
SESSION : __ / __	DURÉE DE LA SESSION :

OBJECTIFS GRAMMATICAUX	**OBJECTIFS LEXICAUX**
OBJECTIFS SOCIOCULTURELS	**OBJECTIFS COMMUNICATIFS ET SAVOIR-FAIRE**

A faire avant la session :

_____
_____
_____

Devoirs à donner :

_____
_____
_____

Tableau de session

THÈME __ / SUJET :	NIVEAU :
NOMBRE DE SESSIONS TOTAL :	NOMBRE D'HEURES TOTAL :
SESSION : __ / __	DURÉE DE LA SESSION :

ETAPES	MATÉRIEL	T	FST	DESCRITPION

ETAPES	MATÉRIEL	T	FST	DESCRITPION

Notes :
_____
_____

Planification de session

THÈME __ / SUJET :	NIVEAU :
NOMBRE DE SESSIONS TOTAL :	NOMBRE D'HEURES TOTAL :
SESSION : __ / __	DURÉE DE LA SESSION :

OBJECTIFS GRAMMATICAUX

OBJECTIFS LEXICAUX

OBJECTIFS SOCIOCULTURELS

OBJECTIFS COMMUNICATIFS ET SAVOIR-FAIRE

A faire avant la session :
___
___
___

Devoirs à donner :
___
___
___

Tableau de session

THÈME __ / SUJET :	NIVEAU :
NOMBRE DE SESSIONS TOTAL :	NOMBRE D'HEURES TOTAL :
SESSION : __ / __	DURÉE DE LA SESSION :

ETAPES	MATÉRIEL	T	FST	DESCRITPION

ETAPES	MATÉRIEL	T	FST	DESCRITPION

Notes :
_____
_____

Planification de session

THÈME __ / SUJET :	**NIVEAU :**
NOMBRE DE SESSIONS TOTAL :	**NOMBRE D'HEURES TOTAL :**
SESSION : __ / __	**DURÉE DE LA SESSION :**

OBJECTIFS GRAMMATICAUX	**OBJECTIFS LEXICAUX**
OBJECTIFS SOCIOCULTURELS	**OBJECTIFS COMMUNICATIFS ET SAVOIR-FAIRE**

A faire avant la session :
_____
_____
_____

Devoirs à donner :
_____
_____
_____

Tableau de session

THÈME __ / SUJET :	NIVEAU :
NOMBRE DE SESSIONS TOTAL :	NOMBRE D'HEURES TOTAL :
SESSION : __ / __	DURÉE DE LA SESSION :

ETAPES	MATÉRIEL	T	FST	DESCRITPION

ETAPES	MATÉRIEL	T	FST	DESCRITPION

Notes :

Planification de session

THÈME ___ / SUJET :	NIVEAU :
NOMBRE DE SESSIONS TOTAL :	NOMBRE D'HEURES TOTAL :
SESSION : ___ / ___	DURÉE DE LA SESSION :

OBJECTIFS GRAMMATICAUX

OBJECTIFS LEXICAUX

OBJECTIFS SOCIOCULTURELS

OBJECTIFS COMMUNICATIFS ET SAVOIR-FAIRE

A faire avant la session :

_____
_____
_____

Devoirs à donner :

_____
_____
_____

Tableau de session

THÈME __ / SUJET :	NIVEAU :
NOMBRE DE SESSIONS TOTAL :	NOMBRE D'HEURES TOTAL :
SESSION : __ / __	DURÉE DE LA SESSION :

ETAPES	MATÉRIEL	T	FST	DESCRITPION

ETAPES	MATÉRIEL	T	FST	DESCRITPION

Notes :

Planification de session

THÈME __ / SUJET :	NIVEAU :
NOMBRE DE SESSIONS TOTAL :	NOMBRE D'HEURES TOTAL :
SESSION : __ / __	DURÉE DE LA SESSION :

OBJECTIFS GRAMMATICAUX

OBJECTIFS LEXICAUX

OBJECTIFS SOCIOCULTURELS

OBJECTIFS COMMUNICATIFS ET SAVOIR-FAIRE

A faire avant la session :
_____
_____
_____

Devoirs à donner :
_____
_____
_____

Tableau de session

THÈME __ / SUJET :	NIVEAU :
NOMBRE DE SESSIONS TOTAL :	NOMBRE D'HEURES TOTAL :
SESSION : __ / __	DURÉE DE LA SESSION :

ETAPES	MATÉRIEL	T	FST	DESCRITPION

ETAPES	MATÉRIEL	T	FST	DESCRITPION

Notes :

Planification de session

THÈME __ / SUJET :	NIVEAU :
NOMBRE DE SESSIONS TOTAL :	NOMBRE D'HEURES TOTAL :
SESSION : __ / __	DURÉE DE LA SESSION :

OBJECTIFS GRAMMATICAUX

OBJECTIFS LEXICAUX

OBJECTIFS SOCIOCULTURELS

OBJECTIFS COMMUNICATIFS ET SAVOIR-FAIRE

A faire avant la session :
_____
_____
_____

Devoirs à donner :
_____
_____
_____

Tableau de session

THÈME __ / SUJET :	NIVEAU :
NOMBRE DE SESSIONS TOTAL :	NOMBRE D'HEURES TOTAL :
SESSION : __ / __	DURÉE DE LA SESSION :

ETAPES	MATÉRIEL	T	FST	DESCRITPION

ETAPES	MATÉRIEL	T	FST	DESCRITPION

Notes :
_____
_____

Planification de session

THÈME __ / SUJET :	NIVEAU :
NOMBRE DE SESSIONS TOTAL :	NOMBRE D'HEURES TOTAL :
SESSION : __ / __	DURÉE DE LA SESSION :

OBJECTIFS GRAMMATICAUX

OBJECTIFS LEXICAUX

OBJECTIFS SOCIOCULTURELS

OBJECTIFS COMMUNICATIFS ET SAVOIR-FAIRE

A faire avant la session :
_____
_____
_____

Devoirs à donner :
_____
_____
_____

Tableau de session

THÈME __ / SUJET :	NIVEAU :
NOMBRE DE SESSIONS TOTAL :	NOMBRE D'HEURES TOTAL :
SESSION : __ / __	DURÉE DE LA SESSION :

ETAPES	MATÉRIEL	T	FST	DESCRITPION

ETAPES	MATÉRIEL	T	FST	DESCRITPION

Notes :

Planification de session

THÈME __ / SUJET :	NIVEAU :
NOMBRE DE SESSIONS TOTAL :	NOMBRE D'HEURES TOTAL :
SESSION : __ / __	DURÉE DE LA SESSION :

OBJECTIFS GRAMMATICAUX

OBJECTIFS LEXICAUX

OBJECTIFS SOCIOCULTURELS

OBJECTIFS COMMUNICATIFS ET SAVOIR-FAIRE

A faire avant la session :
_____
_____
_____

Devoirs à donner :
_____
_____
_____
_____

Tableau de session

THÈME __ / SUJET :	NIVEAU :
NOMBRE DE SESSIONS TOTAL :	NOMBRE D'HEURES TOTAL :
SESSION : __ / __	DURÉE DE LA SESSION :

ETAPES	MATÉRIEL	T	FST	DESCRITPION

ETAPES	MATÉRIEL	T	FST	DESCRITPION

Notes :
_____
_____

Planification de session

THÈME __ / SUJET :	NIVEAU :
NOMBRE DE SESSIONS TOTAL :	NOMBRE D'HEURES TOTAL :
SESSION : __ / __	DURÉE DE LA SESSION :

OBJECTIFS GRAMMATICAUX

OBJECTIFS LEXICAUX

OBJECTIFS SOCIOCULTURELS

OBJECTIFS COMMUNICATIFS ET SAVOIR-FAIRE

A faire avant la session :
_____
_____
_____

Devoirs à donner :
_____
_____
_____

Tableau de session

THÈME __ / SUJET :	NIVEAU :
NOMBRE DE SESSIONS TOTAL :	NOMBRE D'HEURES TOTAL :
SESSION : __ / __	DURÉE DE LA SESSION :

ETAPES	MATÉRIEL	T	FST	DESCRITPION

ETAPES	MATÉRIEL	T	FST	DESCRITPION

Notes :

Planification de session

THÈME __ / SUJET :	NIVEAU :
NOMBRE DE SESSIONS TOTAL :	NOMBRE D'HEURES TOTAL :
SESSION : __ / __	DURÉE DE LA SESSION :

OBJECTIFS GRAMMATICAUX	**OBJECTIFS LEXICAUX**
OBJECTIFS SOCIOCULTURELS	**OBJECTIFS COMMUNICATIFS ET SAVOIR-FAIRE**

A faire avant la session :
_____
_____
_____

Devoirs à donner :
_____
_____
_____

Tableau de session

THÈME __ / SUJET :	NIVEAU :
NOMBRE DE SESSIONS TOTAL :	NOMBRE D'HEURES TOTAL :
SESSION : __ / __	DURÉE DE LA SESSION :

ETAPES	MATÉRIEL	T	FST	DESCRITPION

ETAPES	MATÉRIEL	T	FST	DESCRITPION

Notes :
_____
_____

Planification de session

THÈME __ / SUJET :	NIVEAU :
NOMBRE DE SESSIONS TOTAL :	NOMBRE D'HEURES TOTAL :
SESSION : __ / __	DURÉE DE LA SESSION :

OBJECTIFS GRAMMATICAUX	**OBJECTIFS LEXICAUX**
OBJECTIFS SOCIOCULTURELS	**OBJECTIFS COMMUNICATIFS ET SAVOIR-FAIRE**

A faire avant la session :
_____
_____
_____

Devoirs à donner :
_____
_____
_____

Tableau de session

THÈME __ / SUJET :	NIVEAU :
NOMBRE DE SESSIONS TOTAL :	NOMBRE D'HEURES TOTAL :
SESSION : __ / __	DURÉE DE LA SESSION :

ETAPES	MATÉRIEL	T	FST	DESCRITPION

ETAPES	MATÉRIEL	T	FST	DESCRITPION

Notes :
_____
_____

Planification de session

THÈME __ / SUJET :	NIVEAU :
NOMBRE DE SESSIONS TOTAL :	NOMBRE D'HEURES TOTAL :
SESSION : __ / __	DURÉE DE LA SESSION :

OBJECTIFS GRAMMATICAUX	OBJECTIFS LEXICAUX

OBJECTIFS SOCIOCULTURELS	OBJECTIFS COMMUNICATIFS ET SAVOIR-FAIRE

A faire avant la session :

_____
_____
_____

Devoirs à donner :

_____
_____
_____

Tableau de session

THÈME __ / SUJET :	NIVEAU :
NOMBRE DE SESSIONS TOTAL :	NOMBRE D'HEURES TOTAL :
SESSION : __ / __	DURÉE DE LA SESSION :

ETAPES	MATÉRIEL	T	FST	DESCRITPION

ETAPES	MATÉRIEL	T	FST	DESCRITPION

Notes :

Printed in Poland
by Amazon Fulfillment
Poland Sp. z o.o., Wrocław